JN410224

커튼 콜curtain call

형상시인선 09

커튼 콜curtain call

홍준표 시집

북랜드

自序

소풍날은 어디로 갔나

풀꽃 사이, 돌멩이 아래
수북 쌓인 나뭇잎 속에
숨겨 둔 쪽지들이
공책이 되고, 연필이 되던

소풍날은 어디로 갔나

여름마다, 겨울마다
울고 웃는 틈새마다
하느님 숨겨두신 숱한 쪽지들
찾을 수 있을까

서성이는 소풍길

홍준표

차례

2
귀소歸巢

3
좌탈입망坐脫立亡

4
붉은 공덕

1

입동수행立冬修行

만종晩鐘

잘 절여진 배추에
양념을
아내는 맨손으로
척척 재어 넣습니다

손 따갑지 않나?

아내는 대답 대신
속고갱이 한 잎을 골라
입에 넣어줍니다

거들다가
노을로 버무려지니
눈시울이 붉어집니다

토란 널기

하늘 한번 쳐다보고 산길 내려오다가
지워진 그늘 뒤 길게 묶였던
토란줄기 한 단을 샀다

아내 허리에 말라붙은 황토의 토막들이
어느 틈 능숙하게 내 걸음을 앞지른다

먼저 닿은 껍질부터 벗겨내고 데친 속살을
빨래걸이에 차례로 너는데
슬쩍 바람이 불어온다

우레와 퍼붓던 장대비에도
후끈한 흙내 속에서 뻗치던 줄기들
내 손에 꺾어져 이제는 말라가는 시간
연한 속 당신 구겨질까 접힐까
외줄 타는 사람 발밑같이 위태하다

해 나던 자리 다시 그늘지기 전
당신과 나도 가지런히 널려야 한다

쇠비름

비릿한 이빨이 바람을 깨무는
밭두렁엔 그런 저항이 있다

실핏줄 드러난 팔뚝으로 건듯 보여주는 것은
굼실굼실 해대는 주먹질

냉정한 해의 그림자가 무릎 꿇는 시절이 오면
약한 척 흔들리던 풀도, 힘없는 것들도
점령군이 된다

견장 단 어깨처럼 씩씩해지다가
밭두렁 체온이 떨어지기 전에
빠른 것은 빨리, 느린 것은
느리게 죽어간다

어느 순간
흔적도 없어질 것을 스스로 아는 쇠비름에겐
사라지는 것 또한
왕성한 전략이겠다

입동수행立冬修行 · 1

서리가 무거워
몸 벌린 박주가리
몸 안에 감추었던 갈증이
무척 기다린 아침 햇살

타악 탁, 내려놓는 죽비 같은
무거워진 아랫배 마른 씨방 건드릴 때
가시관에 자홍포 입다
툭 터져버린 부처

저만치 걸어갑니다
움푹한 눈 굴리며

입동수행立冬修行 · 2

염탐질하듯 들여다보는 붉은 사과에는
잡힐 듯하다 놓쳐버린 그대 뒷모습이
곧 어둠살에 숨어들려 합니다

그대와의 약속을 어긴
내 혀는 침이 다 마른 채
다가가지 못합니다, 지척인 모닥불에도

백 걸음도 더 먼 곳에 있는 내게
그대 흔적
눈앞은 붉어서 캄캄한 밤입니다

혀 시린 닭이 울 텐데
이제
곧

입동수행立冬修行 · 3

마른 넝쿨에 내려 앉아
날개 말린 붉은 잠자리

생각 틀고 앉아
마른 날개에 비친 구름을 잡으려나
저 청맹과니

차라리 벽돌 갈아 거울을 만들지
몸은 그대로 두고
눈만 어지러이 날아다닙니다

수변통화水邊通話

월광수변공원 난간에 기대 선 남자의 그늘에
모여 있던 물오리 몇 마리가
자맥질로 던지는 말, 수화였다

부지런히 움직이는 그의 손놀림을
눈귀 다 열어도 알아듣지 못하겠다며
웃는 낮달에게 열 번도 더 묻는다

오리의 날갯짓이 연신 물을 털어내는 마음은
주둥이로 긁는 몸 안에서 빛났다

어제도 하려다만 속말을 꺼내들고
사내는 가슴 한 구석에 밀려 든 물결에게
보고 싶다, 또 보고 싶다
쿡쿡 누르고 또 누르는 이모티콘

허공을 돌리는 저 오리들의 자맥질에
당신, 많이 기다린 듯 웃어주면 좋겠다고
붓끝이 된 삼필봉 산봉우리 그늘 데려와
답신을 쓴다

>

당신은 수면에 뜬 붕어 한 마리
꼬리지느러미로 허공을 치는 걸 보니
산란기에 이른 것이다

무청이 말라가는 동안

한여름 밭고랑에서
나를 뿌리째 가지려는 널 억지로 떼어놓고 보니
달그락거리는 바람그늘에 든 너는
내 무심을 원망하며 말라간다

퍼렇게, 퍼렇게 헛손질 보내는 걸로 보아
손등 푸른 힘줄조차 그대로 말리려는 너

슬레이트 지붕 아래 속절없는 껍질로
한줄 지푸라기에 엮어 두었더니
다독이는 흙벽을 어깨로 밀친다

허접하다 내뱉으며 잘라낸 한 때 사랑이
얼마나 서운했으면 햇살까지 고스란히 데리고
너는 토라진 벽 속에 걸린 걸까

제 발 나 무 라 지 는 말 아 줘

막무가내 매달리는 너의 손사래

>

힘든 세월 지났다고
아주 잊히는 그런 사랑이라면
처음부터 일렁거리는 고백은 하지 말아야 했지
삼단 같은 머리채 그녀
말라가는 이마로 흙벽을 쿡쿡 박는다

따라 눕기

나무들 서 있었을 때의 상상들로
하나 둘 새긴 햇수를 세고 있다

나이테 마룻바닥에 누우니, 등짝 밑으로 물이 흐른다

궁극의 휴식이 편안에 닿으려는 것처럼
치솟고 가라앉으며 어지럽던 머릿속이
벌린 팔, 가지를 타고 내려가
살아생전 빨아올리던 나무의 뿌리에 이어진다

수평을 찾아 또 어디론가 흘러가자는 마루가 된 나무들

백날 고민해도 풀리지 않던 사랑의 문제도
흐르는 나뭇결에다 나를 눕혀보니
알 것 같다, 결국 사랑 또한 흘러와서
죽음 속으로 흘러가는 것임을

당신이 머물다 떠난 자리도 흐르는 물결의 일부였다는 것

거룻배의 바닥에 배 깔고 드러누워
먼저 흘러간 그대는 지금쯤 어디에서
건너야 할 물살을 넘겨다보는가

신화

갇힌 줄 아는지 모르는지
어항 다슬기, 쓸쓸한 집 등에 지고
유리벽 끈끈하게 오른다

가야 할 높은 곳은
언제나 그렇다는 걸
다슬기는 안다

멀고 높은 저 투명
네가 닿으려는 목적지는
유리벽 너머가 아니었구나

물 안과 물 밖의 경계
뻥 뚫린 그 허공에서
몸 안의 기억을 꺼내려 했구나

밤과 낮 서로가 알아듣도록
쓰고 있다
아랫배로 투명한 신화를

밍그적 밍그적

창틀이 있어야 하는 이유

빗속 아이들 노는 소리 크게 보이는
높이 18층, 베란다 창문 방충망 우묵한 곳에
자리 잡은 작은 노린재

그 옆에 다른 벌레, 또 한 마리
찡그린 얼굴로 서 있다

창틀에 대롱대던 해가 철퍼덕 구름공중에 몸을 던진 후
연신 떨어지던 비는 오락가락
쥐든 고양이든 궁지에 몰린 뒤에는
어디로 흘러가야 할지 경황없어 한다

바닥을 친 뒤에야 튀어 오르는 빗물처럼
발 촘촘하게 매단 노린재는 돌아와
다시 어느 날 방충망을 부여잡게 될 것

비가 귀찮아 넌더리내던 필립보必立甫씨가
무료급식소 부엌 바닥에
투신했다는 소식이다

>

거기 창틀이 있고
방충망이 있었다면
가난한 밥그릇들이 출렁이지 않았을 텐데

발정

뽑히기 싫은 욕망이
한 시루 안에 빽빽하다

한 번도 버린 적 없는 첫 번째 꿈은
그녀가 키우던 콩나물을
어설픈 허공에 내가 키우는 거였다

가리개가 덮이면서부터 목이 약해지기 시작했지

너의 물 붓기가 어둠이 보탠 나의 키 재기였다면
가슴 두근거린 내 습성은
들락거리는 붉은 바가지 볼 때마다
아래 위를 잡아당겨 몸을 늘리고 싶었지

덮개 사이로 슬쩍 들이미는
흐릿한 억압의 네 눈빛
그것을 이상이라고 믿을 수밖에 없지만
노랗게 질려가는 나의 허방은
풍기지 않는 흙냄새 찾아 여전히 허둥댄다

>
물의 습성을 알아버린
콩의 정수리가 근지럽다

외출

관음죽, 귀가를 늦추고 있다

갱년기 벌써 지난 줄 알았는데
동고동락 삼십 년 펑퍼짐해진 잎
굵어진 대를 꽉 붙잡는 것은 추잡해지는 일

맥없이 눈꺼풀 번쩍 뜨일 오늘의 너는
수목원 열린 꽃들 보러 간다

이걸 어쩌나
듬뿍 든 정情 버릴 수도 없고
구만리는 안 되도 살길 아직은 먼데
마사지를 시킬까, 보톡스를 맞출까

통통 오른 연한 볼살
옆 라인 사는 오똑 콧날 아네스를 떠올리며
결국 하나 둘 짙은 연륜의 옆 가지에
새순이 편 부채를 쥐어주자
나를 향해 달려오는 불그레한 사진 한 장

>
집지킴이로 나를 앉혀두고
수목원에서 잘 놀고 있다고
범어梵語문자에 곁들인 그 사진 한 장

그녀 아네스를 닮길 바랐으나
회오리 시간이 맑아지더니
거울 앞에서 꽃단장 마치더니

에구, 구름에 발 얹은 수월보살이 되었네

덫

햇살에겐 가을마당이 부엌이다

참새와 나, 눈 반짝 마주치는 순간
아내의 옴팡진 손바닥은
헌 소쿠리를 잡아채던 마당

유혹하기 위해 놓여진 나는
참새가 아닌 그에게
그저께 찧은 햅쌀 위에 무릎이 꺾인다

소쿠리 덮이기 전 새들은
같잖은 듯 일별하고 호로록 날아갈 테지만
가슴팍 귀퉁이를 콕콕 쪼아대다가
나는 조금조금 말라갔다

부리는 기다림을 쪼지 않았고
한나절이 지나도 참새는 걸려들지 않았다

고기 타는 연기에 매그라운 듯
먼산 보는 아내의 눈에 그렁한 눈물

>

산 능선에 얹히려면 얼마를 더 기다려야 하나
어둠 또한 눈꺼풀에 눌려
이제 소쿠리 속은 추워졌다

온 천지 참새가 배고파질 때
그때서야 폭설은 내려오고
나의 처마는 분주해지리라

담쟁이의 각도

장도리질 몇 번으로 뚝딱 집을 지었으니
담쟁이 벽화가 필요하다

멍멍해진 소나무 살결의 허공에 먹줄을 튕긴다
늦게 온 가을이 톱날을 부둥켜안는다
수북한 대팻밥에 막힌 그는 휠체어에 올라탄다
더 이상 앞으로 구르지는 못한다

휘엉휘엉 내달리는 인생
끝 모르고 올리던 서까래에 담겨진다
연립으로 짓던 집 매조지고 나면
마눌님 등에다 따신 불 지펴줄라 했다는 그가
그깟 바람고갤 못 넘기고
풍 맞아 풀썩 몸뚱아리 주저앉혔다

성당 종소리가 수평을 놓친다
주춧돌 같은 새 운동화 신겨 주었으나
손마디 박힌 못 뽑은 대목장 김씨
얼른 내 어깻죽지를 움켜쥔다
밀고 갈 휠체어에 계절을 올려두고

채운다, 더는 내려앉지 않게 안전띠 철컥!

강단 있게 세운 집이라 할지라도 그렇다
제 무게 못 이기면 시나브로 기울어져
축구畜狗가 되는 거다

내가 보탠 담쟁이 벽화는
바퀴 달려 굴러가는 한 채 집이다
물끄러미 노려보던 바람의 얼굴이 다시 붉어졌다

삼복의 코드

미소에서 자비를 구하는 나비
오늘도 오피스텔 꽃에게 놀러간다

보이지 않는 거래는 때때로 음흉할수록
날고 싶을 때는 참새들이 대신 날아주는 창공
떠나고 싶을 때는 오피스텔 꽃의 바닥을
물로 흥건하게 적셔준다

우울을 목숨으로 해결한다 해도
목줄을 손바닥 비벼 건져도
현상의 퍼즐에 엑기스를 넣어 돌린
이런 오피스텔의 주스는 그래도 색감이 괜찮다

눈 맞춘 벌 나비
자비와 음흉을 주고받았다고
뜨거운 삼복三伏이 코드를 꽂으면
언제든지 선풍기는 드라마를 돌려대겠지

지면 많은 조간신문은 자화자찬
누워서 침 뱉은 자국이 낭자하겠지

>
나비가 놀다간 흔적 빡빡 지우겠다고
꽃은 더러워진 허공을
무슨 꽃잎으로 걸레질 한다는 오피스텔
분주하게 여닫히는 문 여기저기
삼복 내내 붐빈다

잔상

여기도 저기도 발 놓을 자리가 없다

밟히려는 개미에게서 발을 빼다가
새벽미사 가는 길은 난감했다

넘어질 듯 가려 디뎌도
먼 산 보자 해도
며칠째 자꾸 밟히는 유니세프 생명 광고

갓 돋은 앞니 두 개, 빈 젖에 매달리다가
마른 눈물의 검은 아기 머리엔
덜렁 큰 눈만 남았구나

떨어져 먼 삶을 사는 나와 다른
저 딴 것, 죽든지 말든지
함부로 내딛기 싫어 발 얼른 빼고 보니
구름이 해를 가리는 건 비일비재한 사건

그냥 밟아버리려다
멈칫하는 걸음을 돌려 세운 곳은
365일 밤낮 불 켜진 은행창구였다

2

귀소歸巢

귀소歸巢 · 1

한물 간 자개상에 흰말이 뛴다
굳었던 허리 뚝 분지르고 보니
찬물에 몸 불려 한소끔 끓여낸 미역국
밀고 드는 달빛 냄새 가득하다

팔순 어머니 첫 숟가락에 떠올려 질 때
내 태몽과 겸상으로 올라온 기장바다
잔주름 귓가를 펴는 소리
쏴아 들렸다

태몽이 그래서인지
밖으로 내딛던 내 발굽 소리에
마을 앞바다에 떠 있던 미역의 어머니는
떠돌던 나를 기다리느라 오랜 흔들림

돌짬에 몸 붙인 수초 같은 어머니
붉은 둑 터트려 몸 밖으로 나를 밀어 낼 때
입안에 밀려든 미역 줄기가
내 첫 울음, 목젖을
가만가만 흔드는 것이었다

귀소歸巢 · 2

어머니 진통으로 물꼬를 틀 때가
백목련이 필 때다

어느 때고 빛으로 가는 터널은
너무 캄캄한 것을
어머니는 알고 계신 듯
삼칠일 동안은 못된 피 더 삭여야겠다고
후후 불면서 미역국 한술 뜨신다

가뭇없는 배냇짓에
못내 아쉬워 바라보던 툭, 툭 목련꽃
배고픈 물까마귀가
허리 지린 하현달을 건져낼 때
어머니 무릎 아래는 빈집 고둥껍데기 쌓이겠다

해류 따라 떠내려가다
하루하루 자부러진 내 몸도
이젠 반쯤은 비어 가는데

풍상의 세월
그마저 다 비운 어머니 마주앉아
목련꽃처럼 나 표정을 벙글린다

난간에 서다

성당 이층 난간대 위에서
새끼손톱만 한 딱정벌레 되어보면
하늘도 땅도 한참 멀더라

참나무 벌건 밑동 헌데 수시로 찝쩍거려
흥건해진 진물 쪽쪽 빨아대고
여름 내내 거름숲 지린내 이 잡듯이 헤집어가며
딱정벌레 통통하게 살 오른다

아침나절 퍼붓는 비를 피해 숨어들긴 했으나
어쩌겠어, 타고 난 깜냥대로 산다는 게
이리도 힘든 줄 몰랐던 거지
해 더 짧아지기 전에 등때기 얹힌 숯등걸 한 짐
시끄럽지 않게 꿈자리에 얼른 부려놓고
허방다리 짚던 손발부터 이제 싹싹 빌어봐야지

대놓고 쏘아대는 화살 같은 눈총들 이리저리 피하다
종소리 은은한 성당에나 숨어든 거지
누가 알게 뭐야,
지스러기 은총이라도 하늘에서 떨어질지

어찌 알겠어, 피뢰침 바짝 세우고 자분자분 굴리는 눈

"언저리로 산다는 건,
 눈치껏 슬쩍슬쩍 끼어들기 아니겠었?"
이말 저말 더듬어대는 말본새를 보니
구석진 곳에 앉아서 성호聖號 살짝 긋고는
어어어어어, 내가 딱 저 벌레

짐짓 거룩한 척 했음에 좌불안석
하늘도 땅도 한참 먼 난간이더라

까치밥 당신

얼룩진 자리 들고나는 찬바람이
늦은 감잎 저녁상 차리게 하네요

된장에 박아둔 깻잎 콩잎처럼
보챔에 불쑥불쑥 치미는 울화
푸욱 삭이다 벌겋게 덧난 자리
거기가 기울어진 당신의 종가宗家인가요

허울만 좋은 큰살림
빈 고방 여닫다가 불거진 양손
토란대 데쳐 말리는 그늘에도
엑스레이 뼈 사진처럼 울퉁불퉁
가지 끝을 찌른 달이었어요

눈길조차 살갑지 못할 땐 당신하고 안 살려고도
문득 문득 마음먹었지만
쓸 만한 배추무시래기 고르다보니
귀밑 언저리 어느새 소복한 잔설

쌀 불리고 밥 안치며 뜸 지우듯 익어가는

언젠가 내가 세월밥상 익힌 대로
당신에게 되차려줄 까치밥, 나는 당신의 까치밥

울던 까치조차 서쪽하늘에선
감물이네요

배꽃 배웅

성당 마당에 돌개바람이 다녀갔다
그 다음 날은 친구의 장례식이 있었다
열렸다, 말문 닫은 꽃의 틈새가
바람에 닿았다, 새초롬한 햇살이 눈물을 거뒀다
그러자 또록또록 풋배가 열렸다
더러는 까맣게 그을려 떨어졌다고 웅성거렸다
성급한 바람손이 잡아당겼다는 예측도 난무했다
꿈쩍 않는 나는 푸른 씨앗의 눈으로
덜 떨어진 부끄러움에 옮겨 놓는 발자국
풋것들은 뜨기 싫어하는 제 자리를 지키느라 안간힘
태풍 다녀간 밤에 배꽃 향기 진동할 때
친구는 숨길 순하게 고르고 있었겠다
새길 간다며 뒤도 안 보고 떠나는 친구
꽃부리 말라가 호된 바람 만나고서야
먼저 간 너를 따라 잡을 수 있을까
손질할 하얀 시간이 내겐 얼마나 남았을까
한뎃잠 절룩절룩 걸어온 이웃도 있다
자신의 고통주걱 아랑곳없이, 먼저 간 친구가
퍼주던 밥 향기에 검은 리본 단 나는

희고 희어서 부끄러운 배웅이다
우르르 떨어지는 성당 종소리가 내 발 아래
움찔움찔 까치발은 조금씩 들려지고

푸념 밥상

익은 봄날은 오래 전에 떠나갔어도
배고파 쳐다보던 꽃뭉테기
이냥저냥 밥꽃이다

한철 반짝 달싹한 뒷물 핥는 개미
각角 좁은 내 앵글에 들어왔다

이를테면 밥솥 없이도 이팝나무 따신 밥상 차렸다는,
쥐똥만 한 개미떼 진딧물 똥구녁에 줄줄이
댓글 달고 가는, 등등

어설픈 글발 한줄 또 한줄 얼키설키 매다보면
그게 다 공덕 되어 시詩내림 받게 된다는데

굿이라도 해볼까
한 그루 대추나무 얼쑤얼쑤 심어놓고
참한 벼락 기다려볼까

정수리 내리칠 지천의 이야기들에
몸통 어디쯤 토막 칠까

>

내 발상發想의 푸념밥상
등 푸른 생선 비릿 달근해서
그날 저녁, 개미들 행렬은
너무 길다

회유回游, 수몰 그 이후

청풍 호반 휴게소 옆 금월봉錦月峰은
붉은 살 발라낸 송어다

허물어진 살점이 뼈를 내려놓으면
거슬러 온 길들 낱낱이 떠올려지다가
이맘때가 산란기임을 안다

후르르 후르륵 호각소리에 빨려들어
다목적 경제구호에 입 뻥긋 못하던
아버지 비탈밭은 물속에 있다

눈길조차 멀고 깊은 수면 아래
물살 걷어내면 뼈대 실한 건물 몇 채
뒤곁 배추밭은 시퍼렇게 숨 쉬고 있을까

습관처럼 어깨 맞춘 남녀들은
몇 컷 사진으로 찍혀지고
그물질 하듯 내 손 안에 들어온 건 소나무
솔솔 내린 잔뿌리가 금월봉 바위들을 붙잡았다

>

사람들 뿔뿔이 차에 오르고 난 뒤
남쪽 저녁집을 향하여 손 흔드는데
휴게소 살 붉은 송어가 수면을 찬다

고픈 배 채웠으니
한동안 고향 그리울 일 없으라고
노을마저 등 떠밀며 가세한다

헛물켜다

붕붕 달뜬 여왕벌,
노스페이스제製 날개는 진홍색이다
뭇 사내에게 받은 구애 무암사 경내 내려놓고는
남근바위 향해 신행길 잡는다

중간마루에 뿔뚝 쳐든 벌거숭이 만나러 가는 길은
낮달까지 멀찍이 밀어내는 날갯짓
거기에는 조선천지 둘도 없다는 우람한 남정네
거시기 턱 버티고 있었다

손 살짝 대니 발그레 발끈하는 핏줄
땡볕 받아 검붉게 팽창한 머릿돌에
속살 한껏 달아오른 여왕벌 깔깔댄다

바람 없는 새파란 공중에 뿜어내는 건
훅 훅, 유혹 진한 페르몬
넌지시 던지고 돌아서는 나의 푸념

소나무그늘이라도빌려아랫도리좀걸치지

>

산 아래서부터 껄떡대다 제대로 켜는 헛물
큰놈만 찾는 세상이
산중에도 있었다

화장대를 들어내다

퍼질고 앉아 되새김질해대는
황소 한 마리
거울 앞에 있다

모습을 곱게 다듬어주던
거울은 그대로인데
딸아이 출가시킨 지 칠 년 만에
자욱한 틈을 안개가 비집는다

한동안 묵힌 모퉁이 아침 해가 들자
번쩍 하품공간이 드러났다

맨 이마에 빨간딱지 만원어치 붙이고
화장대는 재활용하치장으로 자리를 옮길 태세
아침마다 제 옆구리 만지작거리던
햇살의 흔적을 두고
밤새 붉은 핏자국 흘렸다고 떠들어댄다

그가 방을 떠난 뒤에도
한 마리의 황소 얼굴에게

간간히 들리는 트림소리

이게 뭐야,
살점을 떼 냈으면 피 철철 흘러야지

하품 뒤에 눈가가 젖은 게 다여서
네 개의 발자리는 오랫동안 움푹했다

나팔꽃 전언傳言

담장 밑 혼자 끙끙 앓는 나팔꽃
한 더위에 앙다문 입술이
칭칭 어둠을 휘감는다

소가 디뎌도 안 꺼질 살림 비풍초똥팔삼 눈 핏발 세우다 집도 절도 다 날렸다. 그렇게 컥컥 막는 울화

글쎄, 생쥐를 만난거야. 쬐끄만 게 반들반들 다가와 고게 겁도 없이 날 빤히 쳐다보는 거야. 멀그레 눈자위 풀려 있으니, 쥐새끼도 사람을 막 깐본 거지. 방안에 쥐를 두고 소 닭 보듯 할 순 없고 쫓아내긴 해야겠는데

멀쩡한 밥통이 썩기 시작했나봐
문틈 빛살까지 뼈마디마디 찔러대고
정신줄 놓을까봐
벽에 핀 꽃덩굴 애써 붙잡는다

죽으려 해도 기운이 있어야 죽지, 똥물까지 게우다 저녁 답 엉금엉금 부엌에 나갔는데 고 괘씸한 놈, 물 채워진 양동이에 퐁당 빠져 있었지 뭐야. 욘석 뱅뱅 헤엄치면서 새

까만 눈 제발 제발하고 싹싹 비는 거야. 하는 짓 나도 빤히 바라보다가 물을 쏟았지. 그래, 곧 죽을 놈은 난데 말이지

설핏설핏 생쥐 눈은 제 엄마를 쳐다보던 영판 애들 눈망울이었어. 근데 날 새자 나팔꽃 올망졸망 폈지 뭐야. 뭉텅뭉텅 떨어져가는 남은 서너 달 무섬만 탈 줄 알았지. 첫 햇살에 발그레 입술 여는 저 이쁜 꽃이 서늘한 어둠 끝에 피는 꽃인 줄 몰랐던 거야

혼자 끙끙 담을 넘던
그날의 덩굴손 나팔꽃

사랑, 달라붙다

쑥부쟁이 구절초처럼
멍든 꽃은 못 피우지만
한껏 벌린 가쟁이로
검은 가시 도깨비바늘 세우며
부전나비 뜨겁게 난다

유효기간 지났다고
찬바람 쌩쌩 내는 당신과는
어느 모로 보나 다르다
길 지나는 비구니
부푼 무릎께라도 스치면
속살까지 아리지 않겠다

뗄 수 없는 인연 운운하며
저승까지 따라붙을

풀강아지를 몰다

긴 그늘 베어낸 오동나무 그루터기에
엉덩이 불쑥 솟았다, 강아지풀

어느새 삐죽삐죽 돋는 새살이
가득 풀어 놓는 제 생의 방식인 양
빈자리 촘촘 메우는 거였다

갈바람의 새초롬한 눈매가 재촉하는 털갈이
푸른 꼬랑지 화들짝 내리듯
꼿꼿하던 여름은 온순해졌다

되살이의 몫으로 남겨진 것은
좁쌀보다 더 작은 후생의 검은 입구
떨어지기 좋다, 젖은 흙바닥일수록

한해를 무서리에 뭉그러뜨리고
손사래도 한번 없이 강아지풀
어디로 떠나는가
구비 넘는 칼바람이 어정쩡해서

뒤집어 굽기

반으로 접은 조간신문을 들고
뜨거운 프라이팬 덮었다 뗐다 하는데
머릿속 불길이 후루룩,
부라리다 급해진 고등어 눈에서
다비茶毘 냄새가 물씬 났다

식겁한 내가 살림 다 태우고 그만 살라하냐
그랬더니, 주부경력 몇 년인데
눈 떼지 않으면 아무 염려없다 한다
무진장한 태연이다

뭉그르르 솟는 연기 속에서
확 건드리기라도 하면 터질 것 같은
살림내장의 축적된 겹주름들이란 모두
양날 위에 섰다가 된통 당한 후유증이다

그을린 지느러미가 손끝을 툭툭 친다

불을 다스리는 능숙한 솜씨에
거참, 가히 경지네! 탄복하다

쓱쓱 문지르는 비린내
슬슬 풀리다 내 등짝에서 오그라진다

파도로 단련된 살점이
토막진 세월을 앞에 두고
길들여진 냄새를 태연하게 뒤집고 있다

착각

늦장마로 베어진 나무의 밑둥에서
솟았다, 버섯

꼭지 무른 감이 툭툭 떨어지며 건드리는데
허기진 천장 아래 밥상이나 기다릴 일이지
연애는 무슨 연애
방갈로 지붕도 버섯처럼 불쑥 솟구쳐 오른다

꾸역꾸역 밀려드는 사람들을 두고
버섯식당 나이 든 여종업원은
투덜거리며 쟁반을 나른다

무릎 시린 치마폭에 벽난로 불 지핀들
뜨거워질 일 더는 없을 줄 알았는데
나보다 더 퍼질러진 남녀들
식탁 밀쳐두고 소곤거리는 소리에
버섯지붕이 한 번 더 들썩인다

막힌 굴뚝 연기에 눈이 맵고
티끌 들어갔나, 한 발짝 다가가 살피는 오후

그녀는 제풀에 울적해졌다

감나무 가지 끝 서성대는 하오 해는
덜컥, 솟아오른 지붕에 걸렸으니
쟁반은 끓는 버섯이 무겁다

노출되다

창밖 공작단풍나무가 기웃거린다

마저 떨구지 못한 잎 몇 개로
몸 오그리고 한파를 견디더니
바람보다 가벼워졌다

서재책상에서 너를 바라보는 동안은
나, 살 만큼 얻었고 얻은 만큼 살았다는 생각
소리 소문 없이 단출해진다

내 풋날 선 일기장을 넘겨보는 너는
검버섯 핀 잎 몇 개 남겼으니
생의 대부분 허공은
아래쪽에 둘수록 안전한 구도다

새로 뻗어 오를 하늘 앞에서
단풍나무 마디를 닮아가는 나는
아침마다 두 팔을 뻗어 올린다

성에 낀 유리 위에

허물어진 근육 당겨 올려
잇몸 붉은 하품을 하는 것이다

빼곡하던 주먹 쥔 시간들이
한 동안은 그렇게 살았다고 한들
지금은 세밑인 걸

특명

못 보던 간판 하나가
성당 옆 이층건물에 걸렸다

천 사 업 보 탕 감 원
썬팅된 각진 유리창에는

사　궁　관　택
주　합　상　일

천사는 뭐고, 업보는 뭐고, 탕감은 뭐?

대출 오천에 잡힌 업보
탈출시킬 천사가
신장개업 했단 말이지?

3

좌탈입망坐脫立亡

커튼 콜curtain call

손에 쥔 망자의 인연 줄이 길수록
상가의 객석은 시끌벅적이다

국화들의 조문이 앞뒤를 다투고
연도煉禱는 아카펠라 합창
삐져나온 옷섶 집어넣듯
검은 신사들의 인사에 상주는
수시로 객석으로 불려간다

천주교 경문은 내려놓은 생명줄을 하늘로 옮기는 중
관심 없는 웅성거림은 뜨거운 앙코르가 되어
교차하고 나면, 무대는 머지않아 텅 비어질 것이다

망연자실한 돌부처도
슬픔 없는 '아이고'도
볼의 눈물자국 없는 딸년도
술잔과 국밥이 오가는 객석에 스며든다

들고나는 지휘자 보폭에
위령의 음률 따라 조는 향 연기

삶과 죽음의 길이 도대체 분간되지 않는
무대 밖은 여전히 분잡하고
아카펠라 합창의 연도에
연방 고개를 갸우뚱하는 무신론자들의 박수소리

노래가 끝나면 내려놓을 수평 인연의 줄
꿈틀꿈틀 피던 향의 연기도
따라서 수직으로 오른다

얼른 뛰쳐나와 손을 잡느라
영정 속 어르신은 또 다시 삐져나온 옷섶이다

보은報恩

차선을 바꾸려는데
버스와 버스 사이에 끼여 있던 아반떼
득달같이 머리를 내민다

CCTV 위에 앉아서 속셈하던 까치
퍼드덕, 놀라 튀어 오르고
틈을 막 벗어나려던 독사 한 마리
'똑바로 하슈, 낫살 꽤나 먹었으면'
나를 물어뜯을 기세다

귀때기 새파란 호통에 어두워오는 눈
서쪽하늘은 붉으락푸르락 적반하장이다

똑바로 해야 한다고, 뭘?

뒤차는 빵빵대고, 앞차는 씽씽 지나가고 없는데
아시동생 다루듯 하는 애배기 속에
나는 혀끝에 걸려 오도 가도 못했다

웬걸, 요새 풋것 값다가는 큰일 난다며

여전히 CCTV 위에서 속셈하는 까치
차 유리에 머리 박아
종소리는 낼 수 없었나 보다

에라이! 찍 갈기는 흰 물똥

복개도로

내비게이션이 가르쳐 주는 길이 붐빌 때, 밀리는 일차선 피해 초록불빛 안으로 들어가다 옆자리에 태운 시인 한분 툭 던져 놓는 말은, 물길 덮은 길을 타면 훨씬 빠를 것이라 한다

액셀은 발에 밟혀 이미 오가던 길에 길들여져 있었고 흘리는 옆자리의 말에도 거기가 거기지. 속 핑계를 대고 있었다

교차로 몇 뒤로 물린 화살 신호 앞 목매단 꽁무니들, 더 길게 붙었을 때 그렇지. 낯선 것에 지레 접질려 눈 익은 것만 따먹으려는 심보에 눌러 붙었던 나를 보게 되지. 내비게이션에게 중독된 것을 알았지

한 주일 지난 그 요일 그 시간에 옆의 시인이 가르쳐준 대로 핸들을 나는 잡는다. 어둠이 어지간해도 작은 빛 한참이면 눈 밝아질 것이라 했던가. 내비게이션에서 흘러나온 길 잘못 들었다는 다급한 말투에서 콜럼버스 1492 음률이 환히 트인 길을 열어주는 거였다

>

길든 것과 낯선 것의 틈새를 비집는다는 것. 내가 가는 이 길은 여전히 끊어졌다가 이어진다는 것. 세상사 더 빠르고 확 트인 길은 이미 오래 전에 알고 있었다. 저 물길

입춘 덕장

체감온도 영하 18도에서
어렴풋이 새어 나온 훈기가
칼바람에 배 가른
왕벚나무에게 옮겨간다

봄 들어서는 날,
유가사 입구 즐비한 벚나무들
조만간 개업 앞두고 한창인 내부수리

얼렸다 녹였다 몸을 만드는 것은
황태나, 늙은 나무나,
너나 나나 마찬가지다

제법 불거진 겨울눈 앞에서
올된 아랫도리 들썩여 볼까

하루 제 살터 다독여다가
풍찬노숙에 살 튼 등줄기는
떤다, 호들갑

눈앞에서 숙성되는 죽음을 본다
너풀거리는 황태들

좌탈입망坐脫立亡

상추밭에 내다버린 누에를 주워
노장은
헌 소쿠리에 담아 키웠다

이게 뭣꼬
이 뭔 짓인가 말인고?
흩뿌린 뽕잎들이 중얼거렸다

누에는 먹고 자고
먹고 자고
그런대로 푸른 몸이 누렇게 익었다

나름 곡기 끊은 긴 안거 끝내고
선방 뚫고 나온 나비는
소복소복 사리 알을
봉창 밝은 모서리에 슬어 놓았다

먹는 게 남는 건지
색공을 떠났는지
대궁 세운 늙은 상추
텃밭 한 구석에 앉아 있다

파란만장

실직한 세월 보내다 우즈베키스탄에
화장품 팔러간 후배도 허기의 안주 삼고
아홉 병째 걸어가는 굴곡진 혀는
파란만장에 기가 죽어 꼬부라졌다
대학 둘 등록금에 늦둥이 과외비까지
건배는 파란만장! 대답은 억, 억!
배추이파리 만장이면 억대부자?
술김에 냅다 편 꾸부정한 허리들이
꿈도 야무지게 허공에다 억대를 내지른다
트랙터는 똥값배추 밭떼기 채 갈아엎고
그 똥배추 꿀꺽하다 똥칠한 납품비리
흉흉한 배추뉴스는 현실 같지 않는 현실
억억 막혀오는 숨구멍
너덜거리는 어깻죽지 불판에 오그라들어
잔 한번 부딪치고 억씩이나 들어온다면야
어휴, 덮어놓고 속고말고
목구멍에 감언이설 털어 넣기 전에
속으로 딱 두 번 더 외쳤다 억! 억하고
카톡 카톡, 비웃듯 중앙아시아가 부아 지를 때
연기는 자꾸 나만 따라 다니고

한 장 배추이파리 가지고는
계산될 수 없는 오늘이 불안하다

봄꿈

어제의 나뭇가지 위, 새 오늘도 그 자리에 앉아 있다

안주安住와 방랑의 경계에
떠나지도 않았는데, 머무를 곳을 찾다니
몸 붙여 사는 깃털이 부럽다

일어날까, 더 버틸까
오밤중의 딜레마는
뜨기 싫은 눈꺼풀로 미적대다
반 무너진 담벼락 앞에 다가가기 위해
탱탱 방광을 부풀린다

흐리멍덩 속눈썹 틈새로
조준 잘못한 오줌발의 잠꼬대
이렇게 깨면 안 되는데
아직은 푹 자야하는 시간인데
막 볼일을 보려다가 여긴 아니지
더 이상 버티지 못하고 벌떡 일어나니
아직 이승이다

>
그 발바닥 간지러울 때까지
새싹의 힘 만져질 때까지
시원시원 내갈기지 못하고
오그린 발로 나뭇가지 움켜쥔다

먼 길 돌아온 새 되어
허물어진 배란의 둥지를 살핀다

소리의 발치

연못 말라 드러난 징검돌에
와글와글 달라붙은 돌개구리
속말이 궁금하다

바위 안에 계시다 외출하신 부처님
돌 벤치 독차지하고
코 고시는 한 소리로 들리는데

흙바닥 나직이 적시는 소리에
지난해 입을 벌린 연근은
봄의 입자들로 오르는 살점

겉도는 발자국 하나 없기를
홍류동 바위에 손뼉 부딪고 가는
새봄엔 먼 물소리도 들려온다

데리고 온 적 없는 돌개구리 속말이
저녁상 물린 한 식경에 들었구나

머리 뉘인 베갯전에 와서

일제히 물속으로
뛰어드는 개구리 떼에
연잎은 출렁했다

심해 기억

긴 노을다리 하나 둘 떼어내어
식탁 위 붉은 조각보로 덮는데
넘어가는 수평이 흥건하다
인양호 선주 집에서
대게 살을 후벼 파다보니
몸통엔 집게발 둘만 남았다
이제 나는 게슴츠레 가슴팍을 건드릴 차례
오금까지 저릿함에 이른 것이다
강구항 먼 바다 심해 사백 미터
헤엄치던 오케아노스
움켜 쥔 치맛단 놓아주지 않으면
바다 그녀가 눌러쓰고 살던
단단해진 등껍질 안쪽을 내어줄까
다리 박달처럼 여물어졌다 해서
탐사선인 듯 우주를 떠돌았겠느냐
기어 다닌 물 아래 구릉이
찜통을 막 빠져나올 때
먼 우주가 흔드는 아우성에
벌써 나의 아랫배는
은하처럼 포만해졌다

핀잔

쭈그렁 망태에 갇힌 늙은 감자나
벌레 먹어 뒤란에 내다버린 콩도
꿉꿉하고 따뜻하면
누가 봐도 촉 내고
안 봐 줘도 싹 내더라
비와 볕 섞어 짜는 태초의 각본
입구 묶인 포대에 든 것들이
숨은 재미 더 쏠쏠하다며
인기 없는 수목드라마를 아들이 볼 때
불명열不明熱의 봄은
입원한 지 며칠 만에 입맛이 돌았다
온 세상이 다
재미있는 봄春 봄觀인데
저것 봐라,
그렇지 않은가
드라마 한편이 밀어올린
보도블록 틈새가 들썩인다

한눈팔다

가덕도 앞바다 선상에서
쿵더쿵 쿵더쿵
눈 먼 도다리 입맛 건드리기 시작한다

쌍바늘에 단 청갯지렁이
18호 추 들었다 놓았다, 흙먼지 일으키면
탁한 바닥 도다리는 틀어진 왼눈 불룩불룩

생짜배기 나한테까지 덜컥 걸려들게 뭐람

산해진미라 해도
지금 나, 별 입맛 못 다시지만
출처도 모르는 탈 쓴 각시
퍼질러대는 갯지렁이 살 냄새에
흘린 침, 한 됫박이다

쿵더쿵 쿵더쿵, 방아놀음에
코 꿰인 씨알 좋은 놈
올라온다, 질펀하게

돌절구

막바지 개화를 만나러
여좌천변汝佐川邊으로
골동품 가게 주인은 가셨다

운 좋아
떨어진 제 모습대로
고인 빗물에 둥둥 뜨는 벚꽃 안고
문간에 남은 돌절구가
가게를 보는 봄날

술렁바람에 몰린 꽃의 파편들
흙물 드는 한쪽 구석을 보니
화려함에도 허공은 있다

피운 게 많았으니
질 것도 많겠지
내가 찧지 못한 돌절구의 봄이
끌리는 내 눈을
투박한 풍상에 내려놓는다

4

붉은 공덕

붉은 공덕

쌓아 올릴 벽이 더 이상 없어 방치했던 적벽돌
어느 틈에 마당 가장자리 자리를 잡네

숱하게 돋는 풀들도
차고 들어갈 엄두 감히 못 내서
땅의 숨통 열어줄까, 적벽돌 들어 올리는데
노래기가 여러 개의 발로 재바르게 사라지네

빛이 싫은지 공벌레는 혼비백산
꼬챙이로 툭툭 건드리자 놀란 몸 똘똘 말고
한참동안 죽었다가 슬며시 살아나는
적벽돌, 저 무거운 음지의 퍼즐이여

어두울 때 더 진한 사람 냄새는
목이 눌려 아랫동네 풀이 사는 법이 그러해서
가슴에 굳은 살점을 속속들이 들출 때마다
남세스럽다고 툭툭 차버리던 붉은 공덕
내팽개쳐진 눌린 낱말들이
어두운 곳에서 벌레들을 키웠구나

>
이 래 뵈 도 난 빛 살 을 꿰 는 고 리 야

어둠까지 밝은 곳으로 밀어내려 했던
해묵은 내 삶의 답이 거기 있었네

오래 눌린 붉은 벽돌 들어낸 자리
봄날 솟아오르는 모든 것은 살가워졌고
내가 적벽돌의 무게를 보게 된 건
어쩌면 마당에서 햇풀이 들썩이는 소리를
마음으로 들었기 때문이네

미련

옆집을 넘겨다보며 오동나무가 자라더니
금간 담장을 넘어뜨리려한다

남의 곳 탐한다는 이웃 원성에도
오십년쯤 자란 나무를 없앤다는 것은
할 짓 못할 짓 같아
내 몸에 금이 가고 무너져도
그도 목숨이다 싶었는데

오동나무 큰 잎, 가을을 너무 어지럽혀
질끈 베고 나니 밑동만 남았다

그래도 봄마다 눈치 없이
손 내미는 왕성한 식탐의 그루터기
더는 생각 말라고 붉은 약 발랐어도
마당가 여기저기 돋는 새순들

이참에 죽은 듯 납작 엎드린 원뿌리에
이승의 미련 얼씬 못하게
근사미 독기를 들이붓는다

>

그렇게 나무를 없애고
새의 목청도 사라진 줄 알았는데
염치없는 내 곁가지 사랑은
기억의 담장 안에 남아서
지워지지 않는 그늘이 되어 있고

꽃무릇

허공 우려내는 표정을
오늘 내가 만났으니
아하, 일생의 압권이라 해야겠네

돌부처 목 날려버렸어도
앉은 자세만으로도 너는 이미 꽃이다

달관 천년을 넘겨다보는 꽃무릇
볼 것도 보여줄 것도 더는 없다고
등 돌리지 않고도 나를 칭찬하네

달아난 돌머리는 아낙들 맷돌짝 되어
화두 없는 세월을 갈아댄다고 해도
몸뚱이만으로 먼 곳의 먼 곳을 바라보는
둥근 눈이여

또 다른 돌부처
잘린 목에서 생겨난다

병명, 말짱 헛수고

꼭 내릴 짐이 있어 이층계단 허겁지겁 올랐는데
내려오는 무르팍을
송곳가시 쿡쿡 찌른다

여태 올랐다 해봤자
높이랄 것도 없는 어중치기
무릎 팍팍 세우다 닳아빠진 연골에게
신 정형외과 원장은 진단을 내렸다

제명다하면새도날개접는데내려가는사람이짐을드는감?

청라언덕 팔팔계단 두 칸씩 올라서도
불쑥 불쑥 잎 내던 덩굴발이었는데
엑스레이 필름에 쓴
처방전에는

가져가야별볼일없으니못이긴듯그냥빈몸으로가시라

그러고 보니 객기 뭉친 관절들
평생 가시밭만 골라서 걸었다는 소문

욱신욱신 파다하다

실어기

1.
벌어진 커튼의 틈 사이로
첫 새소리 살가운 적 있었고
천둥 치던 날은 무섭다고 파고들어
집 밖은 홍수여도 함께 둥둥 뜨던 그대

언제부터일까 우린 건천을 남겨
각각의 방,
웅덩이는 녹조현상

속으로 삼키기만 한 말들이
달그락 달그락 아침쌀을 씻는다

2.
언제부터인지 모르겠다, 빈자리
따로 밤잠을 잔 게
그러니까 당신 사라진 덜 깬 침대의 아침 눈이
물끄러미 바라보는 이부자리에서
흩트러진 꽃의 체온 그 경계를 보았다

>

언제 그랬나, 셈해 보니
두어 달 된 것 같기도 하고
며칠 사이인 것도 같고
아니 작년 말께부터인가도 싶고

뺑소니 친 말의 흔적을 붙잡는 것은
이처럼 쉽지 않은 일이다

관리소로, 부엌으로
오늘은 녹화된 시간을 뒤지러간다

효과

듬뿍 듬뿍 두어 번 줄까
연이어 자주 줄까

숙제가 생겨났다. 그건 화분에 물주기다. 물 준 날짜 동그라미를 쳐야 하나, 딸네 집에 장기외유 간 아내, 척 보기만 해도 물 줄 때를 아는 그녀가 놀랍다는 사실을 이제야 알았다. 며칠마다 얼마만큼 물을 주어야할지. 화초 이름도 잘 알지 못하는 둔치의 내게 아내가 건넨 숙제는 어렵기만 하다

그런 고민으로 며칠을 건너 뛴 내 물주기, 돌아 온 아내의 핀잔이 쏟아졌다. 함께 산 게 얼마인데, 곁눈질로 보아서도 그깟 물주기쯤은 거뜬하게 해낼 줄 알았었나 보다. 여태 그것도 못하느냐고 역정을 쏟아낸다. 곰곰 생각해보니 화낼 만도 하다. 수십 년 장기투숙하면서도 아내가 키운 목마름을 나 이해하지 못했으니

들어도 싼 한 소리를 듣고, 집 밖 어디인가에 물주기를 연습할 목마른 식물을 찾아 두리번거리던 심사를 나 이제 거두어야 할까

>

이미 축 처진 잎에 물 뿌려본들
별, 달 따 준들 무슨 효과가 있겠냐마는
듬뿍 듬뿍 두어 번 줄까
연이어 자주 줄까

숨은 그림 속 보물찾기

대중탕 옷장 열쇠에 발목을 잡혔다

욕조에 비스듬히 누워 기둥을 쳐다보았더니, 대리석 저도 슬며시 제 몸 얼룩을 보여준다. 양초로 그린 불투명 그림들이 내 옆에 와 눕고, 기둥 안에 숨어 있던 핏줄이 저 높은 곳을 향해 흐른다

어제 흘린 꿈이 다시
욕조에 든 내 몸에 부력을 흘려 넣는다

한 짝 신발 신고 가던 길이 돌연 황무지였다는 것을 알기까지, 나는 알몸으로 한 자리에 너무 오래 머물렀다. 적인지 아군인지 알 수 없는 막막한 짐승이 대기실 액자를 집요하게 물어뜯은 적도 있다. 내 옷들은 옷장 안에 제대로 걸려있을 것인데, 기둥 위에 또 간판이 붙는다. 몇 개는 내 몸을 달구던 가게들이다. 문 닫은 지가 언젠데, 흰 종이 위에 그려진 은화隱畵들이 여전히 떠다닌다. 이제 물의 집에는 수증기 말고는 아무도 살지 않는다

>

발목의 열쇠가 나를 끌고 다닌 것

욕조에 비스듬히 누워
폼페이 화석에 든 한 사내를 꺼내려는데
흔들리는 발목의 열쇠를 데리고 나온다

멀고 지루하던 길을 찔러 넣은 옷장구멍에서
비누향 삶은 헐거워졌다

가로수

가지치기 당한 플라타너스
달랑 몸통만 남긴다

그래, 이걸 섭리 나부랭이라고 우긴다면
고압선 너머
당신께 갈 때까지
더 이상 키 자라지 않는
장승으로나 살까

탈색되고
금가기 시작하는 타일이나
과도한 당신 애정
후후 지켜보면서

홍도화 그늘

지는 홍도화에게도
보상을 해 줘야 한다

철거되는 집에서
노여움 만발했으니
우수리로 좀 더 살겠다고
온몸으로 버틴 저 흔적

갈 데 없어 버티는 거다
우기느라 벌겋게
깊이 박는 뿌리의 소리로
황사 낀 하늘을 쓴다

붉은 몸부림이란 대게
절래절래 고개 흔드는
저런 앙탈이다

조만간 철거될 내 그림자를
저만치 떨어진 꽃잎은
뭉개다가
다시 쓸고 닦는다

아침, 골절되다

받아낸 장맛비가 얼마인데 없는 척, 아픈 척
척척 몹쓸 빗물 다 맞아가며
여기까지 온 길이 얼마인데
모서리 좀 기울었다고 누가 문전박대인가

꺾인 등허리 보인 어머니
바람에 실컷 닳은 통증이 주르르
둥근 테두리 천정은 한쪽이 꺼졌다

살 부러진 날개를 가린다고 다 가려질 수 있나
현관 모퉁이를 집고 선 검정 우산은
꽃비 맞던 시절은 어디다 두고
당신 여기까지 오신 건지 쓸쓸 그 자체다

젖었다는 이유로 문 안에 들지 못하고
주르르 흐르는 물의 반란이신가
젖은 우산이란 너나 나나 그렇게
해 돋는 날 활짝 펼쳐지길 바라는 것이다

돌려보내야 할 옛날은 너무 멀어서

당신의 무너진 모서리쯤은
반 바퀴 돌려 드리는 것이
겨우 내가 할 일인 것이다

수저에 달라붙은 밥풀을 흔든다

업그레이드

며칠 전
중년여성 단골 미장원
능소화 뷰티의 소문은
이러했지요

신분증 없이 비오는 날
노상 기절이라도 하면
속옷 상표부터 살펴본데요

와코루, 비너스는 대학병원 보내고
루마제製는 시립병원 간데요

혼절하고도 귀한 대접 받을 생각에
무연고자 나의 종일은
연고라도 발라야 할까

꽃을 내려놓고서야
담장 넘기를 멈춘
가렵다
능소의 사타구니

문양紋樣의 종점

잎을 꼭 붙들고 있는 벌레
떨어져야 할 시간이 머지않았다
나를 흔들다 나무가 흔들렸다
우화등선을 꿈꾸는 저 벌레같이
꼬깃한 벤치를 잎이라고 우기고 보니
연록에게 건네는 전략에서
믿어달라는 날개가 돋았다
불어 온 건들바람이 비호세력인 줄 알고
나방 한 마리 불멸을 꿈꾼다
위장막 날개를 치는 것도 이해가 되는 부분
내 몸 안에 느티나무 벤치가 들어온 것처럼
아랫배는 딱딱해지고 있었다
생존의 방편을 찾던 그들은
메기 매운탕 집으로 우르르 몰려간다
지상의 잎들이 다 마르기 전
국방색 담요 위에 펼칠 화투장
주먹만 한 눈송이를 뿌려댈 마이크에
고함을 지르며 보내는 신호
나 살아 있다고, 살아 있다고
푸른 문양의 뒷켠을 쥔 반딧불이
삶, 늘 그 모양의 꽁무니는 발광한다

잠긴 문 앞에서

비밀번호가 없어졌다, 안주머니가 없어졌다

집에 들어가려는데
손가락이 매일 확인하던 수의 행렬
음모를 만지작거리다 흙탕물에 떨어졌는지
탱글탱글한 가슴골에 빠뜨렸는지
찾을 수가 없다, 왔던 길 되짚어 봐도 없다

본시 열리지 않는 것들은
미동 않는 문짝 같다. 머릿속을 흔들어도
몸 도사리고 나를 응시하게 하더니
극도의 안테나를 세운 코브라에게도
은밀하게 세뇌된 음의 숫자들로
목을 빳빳이 쳐들게 했다

지금 닫힌 내 거처에는
먹다 남긴 식은 밥, 철철이 다른 외출복
장맛비에 묻혀버린 문자들
꺼내달라는 곰팡이 신음이다

>

있는 듯 없는 듯 아슴한 기억으로
잠긴 문 앞에 서 있는 나는
사막 신기루를 지문 속에서 떠올린다
억지춘양으로 속살을 봉인하느라
제멋대로 비밀번호를 넣어버린 나

어쩌면 잘된 일이다, 난감 뒤에 가벼워질 수 있었으니

깍지

뱃속이 가벼운지 참새 한 마리
갈바람에 폴폴 난다
낮은 날개, 갈색 외투는 단출해서
벌레 없는 나뭇가지를 옮겨 타며
앞섶을 꼭꼭 여몄다
공룡이 작은 새로 몸 바꾸는 오천만년 동안
열두 번의 골격변화가 있었다는데
아마 그 짐승, 허공을 품기까지
둔한 살점은 뭉텅뭉텅 베어내고
뼛속도 훌훌 비워냈겠지
육식 채식 가리지 않고 게걸스레
나, 뒤뚱거리던 쥐라기시절을 보냈으니
이제 몸집은 줄여야겠지
책장이며 옷장이며 남은 통장잔고며
내려놓고 호로록 통통 튀어 보는데
제자리 발 구름만으로도 가을참새는
먼지처럼 가벼워진 몸짓이다
발톱 세운 길고양이도 저만치서
놀란 눈으로 치켜세운 꼬리
덩달아 놀란 갈바람
허공의 목덜미를 쓸고 있다

빵

거룩한 몸에 불경不敬이 될까
마른입에 억지 침을 모아
살금살금 녹이는데

보라, 어린 양을 쳐든 사제는
뭉텅이 살점 서슴없이 꾹꾹 씹어 삼키고
피가 된 붉은 술로 입을 가신다

씹어야 제 맛?

혀에 찔린 십자가에 흥건한 핏물

그랬구나!
잘디잘게 씹혀서 온 몸 되살리는
죽음의 묵은 해답

규화목硅化木

돌인지, 나무인지
속 다 내어줘도
얼굴 끝내 바꿀 수 없다

돌도 못 되고
나무도 못 되고

억겁 세월 버틴다

그대 못 알아볼까봐

해설

사랑과 연민, 그 순례의 여정

이 태 수 | 시인

ⅰ) 홍준표는 사랑과 연민憐憫이라는 덕목을 떠받드는 순례巡禮의 시인이다. 발길과 마음이 가닿는 곳이 그 어디든 이 같은 덕목은 다양한 결과 무늬를 빚으며 은은한 빛을 발산한다. 인간을 향해서는 물론 하찮은 사물들에도 생명에 대한 외경심이 휴머니티를 동반하며 끼얹어지게 마련이다. 이 때문에 그 순례의 여정은 겸허한 자기성찰을 담보로 사랑의 의미를 반추하고 연민으로 끌어들이면서 한결같이 그런 마음자리를 다지고 갈고닦는 모습으로 떠올라 있다.

세속사회의 한가운데서 때로는 귀소歸巢 충동에 빠지거나 과거에로의 회귀의 꿈을 꾸게 되고, 속화된 사회를 비판적인 시각으로 바라보면서 희화화戱畵化하거나 풍자하기도 하지만, 그 바탕에는 어김없이 사랑과 연민이 자리매김하고 있을 뿐 아니라 자신을 낮은 데로 내려놓는 겸양지덕謙讓之德이 곡진하게 깔려 있다.

일상 속에서도 시인은 먼 데서부터 아주 가까운 데까지

거시적이면서도 미시적인 감각, 균형을 유지하는 감성과 지성에 무게를 두는 가치관, 사물들의 이면裏面에 깊이 천착하면서 가톨릭 신앙에서 비롯되는 미덕들을 그러안아 올리는 모습 역시 역력해 보인다. 게다가 제행무상諸行無常과 같은 달관의 시선과 좌탈입망坐脫立亡의 높은 경지에의 흠모, 하느님이 숨겨놓은 '쪽지'를 찾아 나서는 구도求道에의 은밀한 정서가 두드러져 있기도 하다.

ii) 김치 담그는 풍경을 담은 시 「만종晩鐘」은 맨손으로 절은 배추에 양념을 버무리는 아내의 손이 따가울까 우려하는 남편에게 대답 대신 그 속고갱이 한 잎을 입에 넣어 주는 정겨운 모습을 보여준다. 더구나 그 일을 "거들다가 / 노을로 버무려지니 / 눈시울이 붉어집니다"라는 마지막 연에서 읽게 되듯, 화자가 마치 양념으로 버무려지는 배춧잎처럼 노을로 버무려지고 눈시울까지 붉어지는 것으로 묘사되고 있어 밀레의 그림 '만종'의 황혼 무렵 분위기까지 성스럽게 겹쳐져 다가오는 느낌이다.

밀레의 '만종'은 당초 가난한 농부農夫부부가 황혼 무렵 교회 종소리를 들으며 배고파 죽은 아기의 관을 발치에 두고 슬픔에 젖어 마지막 기도를 하는 장면이었다고 하나 지금 프랑스 루브르박물관에 소장돼 있는 그림은 그 관을 감자바구니로 바꿔 그려 신성한 노동 뒤의 정적과 평화로운 풍경을 보여 주는 명작으로 지구촌 사람들에게 오랫동안 널리 사랑받고 있다. 하지만 홍준표의 「만종晩鐘」은 부부 사이의 은근한 사랑과 신성한 자연에의 외경심이 묻어나는 시로 밀레의 수정된 그림을 연상케 하면서도 그 뉘앙스는 사뭇 다르다.

사랑과 연민이라는 덕목을 이같이 떠받드는 시인의 마음은 다른 작품들에도 같은 양상으로 번져 흐른다. 화자가 토란줄기를 사서 껍질을 벗기면서는 "아내 허리에 말라붙은 황토의 토막들"(「토란 널기」)을 떠올리는 묘사도 바로 그렇다. 데친 토란줄기들을 빨래걸이에 널고 난 다음에도

> 우레와 퍼붓던 장대비에도
> 후끈한 흙내 속에서 뻗치던 줄기들
> 내 손에 꺾어져 이제는 말라가는 시간
> 연한 속 당신 구겨질까 접힐까
> 외줄 타는 사람 발밑 같이 위태하다
>
> 해 나던 자리 다시 그늘지기 전
> 당신과 나도 가지런히 널려야 한다
>
> —「토란 널기」 부문

고 젖어드는 마음 또한 같은 뉘앙스다. 토란줄기를 자신의 손으로 말리는 시간에 그 '연한 속'이 구겨지거나 접힐까 우려하는 마음은 그늘지기 전의 햇살에 자신과 함께 가지런히 널려야 한다는 기구祈求까지 동반하고 있으며, 그런 기구는 아내를 향해서도 애틋하게 열리기 때문이다.

건조되는 토란줄기와 아내의 모습을 하나로 묶어 바라보는 시인의 이 같은 휴머니티는 하찮은 생명체들(식물과 동물)에도 어김없이 번진다. 쇠비름의 생명력을 "비릿한 이빨이 바람을 깨무는/밭두렁엔 그런 저항"(「쇠비름」)이라고 보거나 "어느 순간 / 흔적도 없어질 것을 스스로 아는 쇠비

름에겐 / 사라지는 것 또한 / 왕성한 전략"(같은 시)이라고 읽는 대목이 그렇고, 마르는 무청에 착안해 "퍼렇게, 퍼렇게 헛손질 보내는 걸로 보아 / 손등 푸른 힘줄조차 그대로 말리려는 너", "막무가내 매달리는 너의 손사래", "삼단 같은 머리채 그녀 / 말라가는 이마로 흙벽을 쿡쿡 박는다"(「무청이 말라가는 동안」)는 대목 등도 마찬가지다.

콩나물시루에 눈길이 주어지면서는 "뽑히기 싫은 욕망이 / 한 시루 안에 빽빽하다"(「발정」)고 들여다보는 시인은 자신이 "한 번도 버린 적 없는 첫 번째 꿈은 / 그녀가 키우던 콩나물을 / 어설픈 허공에 내가 키우는 거였다"(같은 시)고도 고백한다. 아내가 뽑히기 싫은 욕망(콩나물)에 물을 주듯이 허공에다 시루에 빽빽한 콩나물 같은 꿈을 키우고 싶은 마음을 한 번도 버린 적이 없다는 고백은 콩나물시루에 가리개(덮개)가 있듯 '흐릿한 억압'과 노랗게 질리게 하는 '허방'이 있어 허둥거릴 수밖에 없었다는 뉘앙스도 함께 거느려져 있다.

작은 동물들을 바라보면서도 그 시선은 매한가지다. 어항 속의 다슬기가 "쓸쓸한 집"(껍질)을 등에 지고 유리벽을 기어오르는 모습을 목도하면서는

> 멀고 높은 저 투명
> 네가 닿으려는 목적지는
> 유리벽 너머가 아니었구나
>
> 물 안과 물 밖의 경계
> 뻥 뚫린 그 허공에서

몸 안의 기억을 꺼내려 했구나

밤과 낮 서로가 알아듣도록
쓰고 있다
아랫배로 투명한 신화를

밍그적 밍그적
— 「신화」 부문

이라고 그려 놓는다. 다슬기가 안간힘으로 닿으려 하는 곳(지향점)은 "멀고 높은 저 투명"의 유리벽 너머가 아니라 물 안팎의 허공虛空이며, 그 허공에서 몸 안의 기억을 꺼내는 일에 무게중심이 주어져 있다. 그러기 위해 다슬기는 밍그적 밍그적 아랫배로 투명한 '신화'를 쓰고 있다는 것이다. 이 대목은 제자리에 놓여 있지 못한 다슬기가 기억 반추反芻와 그 기억 속으로 회귀하려는 꿈을 통해 제자리 찾기를 하는 '신화' 회복에 다름 아니라는 걸 시사示唆한다.

높이 18층의 아파트 베란다 창문의 방충망 우묵한 곳에 자리 잡은 작은 노린재와 그 옆의 다른 벌레를 보면서도 시인은 "바닥을 친 뒤에야 튀어 오르는 빗물처럼 / 발 촘촘하게 매단 노린재는 돌아와 / 다시 어느 날 방충망을 부여잡게 될 것"(「창틀이 있어야 하는 이유」)이라고 바라보고 있으며, 급기야는

비가 귀찮아 넌더리내던 필립보必立甫 씨가
무료급식소 부엌 바닥에
투신했다는 소식이다

거기 창틀이 있고
방충망이 있었더라면
가난한 밥그릇들이 출렁이지 않았을 텐데
—「창틀이 있어야 하는 이유」 부문

는 대목에서 비약적으로 암시되듯, 방충망에 매달려 간신히 생명줄을 잡고 있는 노린재나 다른 벌레와 같이 어렵게 살다가 생명줄을 놓아 버린 인간에 대한 연민(휴머니티)이 절실한 울림을 빚는 데까지 나아간다. '거기 창틀이 있고/ 방충망이 있었더라면/ 가난한 밥그릇들이 출렁이지 않았을 텐데' 이렇듯이 시인은 창틀이 거기 있어야할 이유 혹은 당위성을 떠올리며 자신이 위험에 직면한 등가물들에게 창틀이 되어야 한다는 반성의 자세를 빗대어 진술하고 있다.

창틀은 내부와 외부를 가르는 경계다. 하찮은 동물이든 인간이든 생명체는 그 경계지점에서 아슬아슬하게 생명줄을 잡고 있다고 본다면, 창틀이 있어야 하는 이유도 분명해진다. 시인은 우리의 삶을 그렇게 바라보면서 삶의 절박한 비애를 "가난한 밥그릇이 출렁"하는 것으로 번역해 놓는다. 시인의 휴머니티는 외부를 향해서는 더욱 짙은 빛깔을 띤다.

여기도 저기도 발 놓을 자리가 없다

밟히려는 개미에게서 발을 빼다가
새벽미사 가는 길은 난감했다

넘어질 듯 가려 디뎌도
먼 산 보자 해도
며칠째 자꾸 밟히는 유니세프 생명 광고

갓 돋은 앞니 두 개, 빈 젖에 매달리다가
마른 눈물의 검은 아기 머리엔
덜렁 큰 눈만 남았구나

떨어져 먼 삶을 사는 나와 다른
저 딴 것, 죽든지 말든지
함부로 내딛기 싫어 발 얼른 빼고 보니
구름이 해를 가리는 건 비일비재한 사건

그냥 밟아 버리려다
멈칫하는 걸음을 돌려 세운 곳은
365일 밤낮 불 켜진 은행창구였다

—「잔상」 전문

이 시는 성당으로 새벽미사 가는 길에 밟히려 할 정도로 수많은 개미들과 유니세프 생명 광고 잔상殘像을 겹쳐서 가슴으로 끌어들이면서 생명의 존엄성과 사랑이라는 덕목을 감동적으로 그려 보인다. 넘어질 듯 가려 발을 디뎌도 밟힐 것만 같은 개미들 때문에 난감해 하면서 며칠째 눈이 밟혔던 유니세프 생명 광고 장면들이 떠올라 미사 가던 발길을 "365일 밤낮 불 켜진 은행창구"로 돌려 세우는 마음은 "구름이 해를 가리는 건 비일비재"인 오늘의 세태에 비춰볼 때 아름답기 그지없다.

시인이 사랑의 실천을 받드는 마음 갈고닦기는 연작시 「입동수행立冬修行」에도 잘 드러나 있다. 겨울로 가는 길목의 박주가리(새박덩굴)를 "가시관에 자홍포 입다 / 툭 터져 버린 부처"(「입동수행 1」)로 바라보며 움푹한 눈 굴리며 걸어간다든지, "그대와의 약속을 어긴 / 내 혀는 침이 다 마른 채 / 다가가지 못합니다, <중략> 그대 흔적 / 눈앞은 붉어서 캄캄한 밤"(「입동수행 2」)이라고 아프게 자성自省을 하는가 하면, 「입동수행 3」에서는 겨울 초입의 쇠잔衰殘한 잠자리가 청맹과니 같지만 "몸은 그대로 두고 / 눈만 어지러이 날아다"니는 수행을 하는 것으로 여기고 있다.

또한 「따라 눕기」에서는 "나이테 마룻바닥에 누우니, 등 짝 밑으로 물이 흐른다"며, 마음 일으켜 "수평을 찾아 또 어디론가 흘러가자는 마루가 된 나무들"을 따라 나서면서 "결국 사랑 또한 흘러와서 / 죽음 속으로 흘러가는 것"이고, "당신이 머물다 떠난 자리도 흐르는 물결의 일부였다는 것"이라는 제행무상의 깨달음에 이르게도 된다. "온 천지 참새가 배고파질 때 / 그때서야 폭설은 내려오고 / 나의 처마는 분주해지리라"(「덫」)는 구절 역시 예사롭지 않게 들리는 것은 우리가 살아가는 이 세상이 그런 덫에 다름 아닐는지 모르기 때문이기도 하다.

iii) 시인은 이 세상을 살아가면서 때로는 귀소 충동에 빠져든다. 「귀소歸巢 · 1」에서 노래하고 있는 바와 같이 미역과 어머니를 서로 환치換置해 타임머신을 타는가 하면, 지난날과 지금을 하나로 버무려 놓기도 한다. 미역국을 어머니로 바꿔 "팔순 어머니 첫 숟가락에 떠올려 질 때 / 내 태몽과 겸상으로 올라온 기장바다 / 잔주름 귓가를 펴는 소리 / 쏴아 들"리는 파도소리까지 떠올린다.

나아가 "돌짬에 몸 붙인 수초 같은 어머니 / 붉은 둑 터트려 몸 밖으로 나를 밀어 낼 때 / 입안에 밀려든 미역 줄기가 / 내 첫 울음, 목젖을 / 가만가만 흔드는 것이었다"는 표현에서 보게 되듯, 어머니는 돌짬에 서식棲息하는 수초처럼 수초를 키워내며, 그 수초였던 자신이 지금 먹는 미역줄기가 첫 울음을 울도록 목젖을 흔드는 것으로 묘사함으로써 완벽한 귀소상태를 떠올린다. 「귀소歸巢·2」는 또 한 술 더 뜨는 시다.

어머니 진통으로 물꼬를 틀 때가
백목련이 필 때다

어느 때고 빛으로 가는 터널은
너무 캄캄한 것을
어머니는 알고 계신 듯
삼칠일 동안은 못된 피 더 삭여야겠다고
후후 불면서 미역국 한술 뜨신다

가뭇없는 배냇짓에
못내 아쉬워 바라보던 툭, 툭 목련꽃
배고픈 물까마귀가
허리 지린 하현달을 건져낼 때
어머니 무릎 아래는 빈집 고둥껍데기
쌓이겠다

해류 따라 떠내려가다
하루하루 자부러진 내 몸도
이젠 반쯤은 비어 가는데

풍상의 세월
그마저 다 비운 어머니 마주앉아
목련꽃처럼 나 표정을 벙글린다

—「귀소歸巢·2」 전문

어머니가 자기를 낳을 때의 정황情況과 목련나무가 백목련을 피울 때의 정황을 같은 선상에 놓고 있는 이 시는 역시 미역국을 끌어들이면서 그 오랜 지난날과 지금을 같은 시제時制로 그리고 있는 점도 재미있다. 이는 완전한 귀소상태를 말해 주며, 목련나무가 꽃을 피울 때와 자기가 태어날 때의 진통을 하나로 바라보면서 그 이후 삼칠일 동안 미역국으로 조리하는 어머니와 배고픈 물까마귀가 하현달을 건져내는 행위를 같은 선상에 놓고 있는 점도 시적 묘미를 증폭시켜 준다. 게다가 마지막 두 연에서 시제를 다시 지금으로 바꿔 놓으면서도 완전한 귀소상태를 그리고 있어 눈길을 끈다. 어머니는 팔순 노인이고 화자도 해류海流 따라 떠내려가다 자부러져 반쯤 비어 가지만 오랜 풍상에 거의 다 비워진 어머니가 마주앉아 목련꽃처럼 자신의 표정을 벙글린다는 구절은 시제가 지금이면서도 모자간의 귀소상태를 말해준다고 할 수 있기 때문이다.

그렇다면 시인은 왜 귀소나 과거에로의 회귀의 꿈을 꾸고 있는 것일까. "성당 이층 난간대 위에서 / 새끼손톱만한 딱정벌레 되어보면 / 하늘도 땅도 한참 멀"(「난간에 서다」)어 보이고, "구석진 곳에 앉아서 성호聖號 살짝 긋고는" 새삼 "내가 딱 저 벌레"(같은 시)라는 느낌이 들기도 하기 때문일 것이다.

그뿐 아니라 까치밥 같은 '당신'(아내)을 연민의 눈으로 바라보며 "울던 까치조차 서쪽하늘에선 / 감물"일 때 "당신에게 되차려 줄 까치밥, 나는 당신의 까치밥"(「까치밥 당신」)이 되고, "성당 종소리가 내 발 아래 / 움찔움찔 까치발은 조금

씩 들려지”(「배꽃 배웅」)게 하더라도 “내 발상發想의 푸념밥상 / 등 푸른 생선 비릿 달근해서 / 그날 저녁, 개미들 행렬은 / 너무 길”(「푸념 밥상」)기 때문인지도 모른다.

ⅳ) 시인은 끊임없이 순례의 길을 나서면서 그 길 위에서 조우遭遇하는 갖가지 느낌의 결과 무늬들을 펼쳐낸다. 내비게이션에 중독된 길 위에서 자동차를 운전하면서 한 시인의 조언을 떠올리며 “길든 것과 낯선 것의 틈새를 비집는다는 것. 내가 가는 이 길은 여전히 끊어졌다가 이어진다는 것. 세상사 더 빠르고 확 트인 길은 이미 오래 전에 알고 있었다. 저 물길”(「복개도로」)이라고 ‘물길’을 사람의 길에 비할 바 없이 높게 예찬하는가 하면, 차량의 물결 속에서 “차선을 바꾸려는데 / 버스와 버스 사이에 끼여 있던 아반떼 / 득달같이 머리를 내”(「보은報恩」)밀고, 젊은 운전자(독사)가 나이 든 운전자(까치, 자신)에게 물어뜯을 기세로 사리에도 맞지 않게 막말하는 장면을 우화寓話처럼 엮으면서

뒤차는 빵빵대고, 앞차는 씽씽 지나가고 없는데
아시동생 다루듯 하는 애배기 속에
나는 혀끝에 걸려 오도 가도 못했다

웬걸, 요새 풋것 갉다가는 큰일 난다며
여전히 CCTV 위에서 속셈하는 까치
차 유리에 머리 박아
종소리는 낼 수 없었나 보다

에라이! 찍 갈기는 흰 물똥

— 「보은報恩」 부문

이라고 그 심경을 곱지 않은 시각으로 희화화한다. 체감온도는 영하 18도지만 봄이 오는 길목의 왕벚나무를 보면서는 "얼렸다 녹였다 몸을 만드는 것은 / 황태나, 늙은 나무나, / 너나 나나 마찬가지"(「입춘 덕장」)라는 생각을 하고, "먼 길 돌아온 새 되어 / 허물어진 배란의 둥지를 살"(「봄꿈」)피는 꿈을 꾼다.

봄이 돌아온 연못에 이르러서는 "연못 말라 드러난 징검돌에 / 와글와글 달라붙은 돌개구리"(「소리의 발치」)를 바라보며 그들의 속말에 대해 궁금해 하고, 상상력을 작동해 "바위 안에 계시다 외출하신 부처님 / 돌 벤치 독차지하고 / 코 고시는 한 소리로 들리는"(같은 시)데 눈과 귀를 가져가며, 인양호 선주 집에서 박달대게를 먹으면서는

기어 다닌 물 아래 구릉이
찜통을 막 빠져나올 때
먼 우주가 흔드는 아우성에
벌써 나의 아랫배는
은하처럼 포만해졌다

— 「심해 기억」 부문

는 식도락食道樂의 넉넉함을 노래한다. 가덕도 앞바다 배 위에서 바다낚시를 하면서는 "쿵더쿵 쿵더쿵, 방아놀음에 / 코 꿰인 씨알 좋은 놈 / 올라온다, 질펀하게"(「한눈팔다」)라는 즐거움을 맛보는가 하면, "고인 빗물에 둥둥 뜨는 벚꽃 안고 / 문간에 남은 돌절구가 / 가게를 보는 봄날"(「돌절구」)을 유유자적하며 "내가 찧지 못한 돌절구의 봄이 / 끌리

는 내 눈을 / 투박한 풍상에 내려놓는"(같은 시) 환상에 빠져들기도 한다.

시인이 세속사회의 이면을 들여다보면서 이같이 풍류風流를 즐기듯이 길을 떠돌기도 하지만, 자기성찰에 눈을 돌리면서는 나름의 인생관과 세계관을 그윽하게 펴 보이는 형이상학적 이데아 추구에 무게중심을 두는 모습도 읽을 수 있다.

단정하게 앉아 해탈하고 꼿꼿이 서서 열반하는 좌탈입망坐脫立亡의 경지를 흠모해마지 않는 시인은 「좌탈입망坐脫立亡」이라는 시에서 그런 경지에 드는 주역이 전도되는 '반전'을 통해 주역은 물론 그 조역(관찰자)까지도 같은 경지에 드는 것으로 승화시키고 있다. 뽕밭이 아닌 상추밭에서 주운 누에를 헌 소쿠리에 담아 뽕잎을 먹여 키운 이야기로 시작되는 「좌탈입망坐脫立亡」은 먹고 자고 먹고 잔 누에가 이윽고 곡기를 끊은 채 실을 풀어내 고치를 지었다가 그 집을 뚫고 나와 나방이 된 뒤 봉창 모서리에 알을 슬기까지의 과정을 그리고 있지만, 텃밭의 늙은 상추를 되레 주역으로 부각시켜 놓은 시다.

이 시가 각별히 마음을 끄는 건 작은 알이 누에가 되고 그 누에가 마침내 "곡기 끊은 긴 안거"를 끝낸 뒤 그 "선방 뚫고 나온 나비"가 되어 "소복소복 사리 알"을 스는 것으로 그려져 마치 선승禪僧의 득도得道 과정을 묘사하는 데 무게가 실려 있는 듯하지만, 그보다는 오히려 텃밭 한 구석에 앉아 좌탈입망한 상추 대궁에 무게중심이 주어져 있기 때문이다.

이 시집의 표제작이기도 한 「커튼 콜curtain call」에서 시인은 상가喪家 풍경을 통해 오늘의 세태世態를 풍자하면서 삶과 죽음의 의미와 그 경계, 아카펠라 공연을 방불케 하는 상가의 연도煉禱 모습과 그 이면을 가톨릭 신앙을 바탕에 깐 특유의 상상력으로 형상화해 놓고 있다. 상주喪主가 일부 문상객들과 함께 연도하는 모습을 기악 반주가 없는 합창 공연으로 묘사하고, 연속되는 연도를 공연 뒤의 화답으로 다시 무대 공연을 하는 것으로 그리고 있는 점은 전혀 예사롭지 않아 보인다.

손에 쥔 망자의 인연 줄이 길수록
상가의 객석은 시끌벅적이다

국화들의 조문이 앞뒤를 다투고
연도煉禱는 아카펠라 합창
삐져나온 옷섶 집어넣듯
검은 신사들의 인사에 상주는
수시로 객석으로 불려간다

천주교 경문은 내려놓은 생명줄을 하늘로 옮기는 중
관심 없는 웅성거림은 뜨거운 앙코르가 되어
교차하고 나면, 무대는 머지않아 텅 비어질 것이다

망연자실한 돌부처도
슬픔 없는 '아이고'도
볼의 눈물자국 없는 딸년도
술잔과 국밥이 오가는 객석에 스며든다

들고나는 지휘자 보폭에

위령의 음률 따라 조는 향 연기
삶과 죽음의 길이 도대체 분간되지 않는
무대 밖은 여전히 분잡하고
아카펠라 합창의 연도에
연방 고개를 갸우뚱하는 무신론자들의 박수소리

노래가 끝나면 내려놓을 수평 인연의 줄
꿈틀꿈틀 피던 향의 연기도
따라서 수직으로 오른다

얼른 뛰쳐나와 손을 잡느라
영정 속 어르신은 또 다시 삐져나온 옷섶이다

―「커튼 콜curtain call」 전문

망자亡者(상주 포함)의 인간관계가 폭이 넓고 사회적인 영향력이 클수록 문상객이 많고 조화弔花들이 많은 건 당연지사다. 문상객들에게 불려나가듯이 자주 답례를 해야 하는 것도 마찬가지다. 하지만 이 시는 그런 모습을 "삐져나온 옷섶 접어 넣듯"이라는 표현이 말해 주듯이 곱지 않은 시선으로 풍자한다. 이 풍자는 상가의 시끌벅적한 모습과 그 웅성거림들을 앙코르로 읽는다든지, 그 모습도 잠시일 뿐 망자의 "내려놓은 생명줄을 하늘로 옮기는" 경문(의식)이 끝나면 공허질 수밖에 없을 것이라는 허무虛無와 무상無常의 일깨움으로도 이어져 있다.

또한 "망연자실한 돌부처도 / 슬픔 없는 '아이고'도 / 볼의 눈물자국 없는 딸년도 / 술잔과 국밥이 오가는 객석에 스며든다"는 대목이나 공연 같은 "연도에 / 연방 고개를 갸우뚱하는 무신론자들의 박수소리"와 같은 대목은 허례허

식虛禮虛飾을 향한 질타에 다름 아닌 듯하며, 상가 밖에서는 삶과 죽음의 길이 분간되지 않는 '분잡'한 세태라는 비판 역시 흘려듣지 못하게 한다. 게다가 이 시의 마지막 연 "얼른 뛰쳐나와 손을 잡느라 / 영정 속 어르신은 삐져나온 옷섶이다"라는 표현도 같은 맥락으로 읽어야 할 것이다.

v) 일상 속에서도 시인은 어떤 사물이든 그 이면의 깊이를 들여다보려 한다. 고성능 안테나를 세우고 레이더망을 쳐 놓은 듯, 먼 데서부터 아주 가까운 데까지 거시적이면서도 촘촘한 미시적 감각으로, 섬세한 감성과 지성의 균형감각으로, 사물의 이면에 천착한다.

마당 가장자리에 방치돼 있는 적벽돌을 두고도 그것을 들어 올린 자리에 마음을 끼얹으며 "무거운 음지의 퍼즐"을 풀어내듯 노래기, 공벌레 등에 눈길을 주면서 적벽돌의 공덕功德(붉은 공덕)을 들춰낸다.

이 래 뵈 도 난 빛 살 을 꿰 는 고 리 야

어둠까지 밝은 곳으로 밀어내려 했던
해묵은 내 삶의 답이 거기 있었네

오래 눌린 붉은 벽돌 들어낸 자리
봄날 솟아오르는 모든 것은 살가워졌고
내가 적벽돌의 무게를 보게 된 건
어쩌면 마당에서 햇풀이 들썩이는 소리를
마음으로 들었기 때문이네

— 「붉은 공덕」 부분

방치된 적벽돌은 시인에 의해 “빛살을 꿰는 고리”로 자리매김하고 있을 뿐 아니라 자신의 삶의 답을 가르쳐 준다는 데까지 추켜지며, 그 적벽돌의 무게를 “햇풀이 들썩이는 소리를 / 마음으로 들었기 때문”에 보게 된 것이라는 묘사는 마치 예지叡智의 빛처럼 반짝인다.

집안의 담장 곁에서 오십년쯤 자라 담장을 넘어뜨리려 하고 담장 너머의 옆집으로까지 가지를 뻗은 오동나무를 어쩔 수 없이 베어낸 그루터기(밑동)에 독한 근사미를 뿌려도 새순이 돋는 걸 보며 “염치없는 내 곁가지 사랑은 / 기억의 담장 안에 남아서 / 지워지지 않는 그늘이 되어 있”(「미련」)다고 보는가 하면, ‘꽃무릇’을 달관 천년을 넘겨다본다면서 “몸뚱이만으로 먼 곳의 먼 곳을 바라보는 / 둥근 눈”이나 잘린 목으로 거듭나는 “또 다른 돌부처”(「꽃무릇」)로 의미를 부여하는 점도 간과하지 못하게 한다. 이 같은 마음자리는 과도하게 전지된 가로수로 옮아져

가지치기 당한 플라타너스
달랑 몸통만 남긴다

그래, 이걸 섭리 나부랭이라고 우긴다면
고압선 너머
당신께 갈 때까지
더 이상 키 자라지 않는
장승으로나 살까

탈색 되고
금가기 시작하는 타일이나
과도한 당신 애정

후후 지켜보면서

— 「가로수」 전문

라는 연민으로 착색着色되고, 「효과」에서는 아내가 딸네 집에 장기외유 간 동안 화분에 물주는 '숙제' 때문에 전전긍긍하면서 평소 그 일을 능숙하게 한 아내에게 놀랍다고 생각하는 정도에 그치지 않고, 돌아온 아내의 핀잔을 들으면서 평소 아내의 목마름을 헤아리지 못했다고까지 자책自責하는 다정하고 자상한 남편이며, 대중탕에 가서는 옷장 열쇠에 발목 잡혔다면서 상상력을 꿈과 역사적 현실에 연결시켜 자성하는 마음을 겸허하게 드러내 보인다.

발목의 열쇠가 나를 끌고 다닌 것

욕조에 비스듬히 누워
폼페이 화석에 든 한 사내를 꺼내려는데
흔들리는 발목의 열쇠를 데리고 나온다

멀고 지루하던 길을 찔러 넣은 옷장구멍에서
비누향 삶은 헐거워졌다

— 「숨은 그림 속 보물찾기」 부문

그렇다면 숨은 그림 속의 보물이 발목의 열쇠에 끌려 다닌 멀고 지루하던 길을 대중탕 옷장구멍에서 찾게 됐고, 그 보물이 헐거워진 비누향 삶이라는 것이다. 시인은 이같이 큰 명제를 하찮은 사실에서 풀어내는 슬기를 보여 주기도 한다.

"꺾인 등허리 보인 어머니"를 향해 "돌려보내야 할 옛날은 너무 멀어서 / 당신의 무너진 모서리쯤은 / 반 바퀴 돌려 드리는 것이 / 겨우 내가 할 일인 것이다 // 수저에 달라붙은 밥풀을 흔든다"(「아침, 골절되다」)는 효성어린 발언이나 아파트 문의 열쇠 비밀번호를 잊어 버렸는데도

지금 닫힌 내 거처에는
먹다 남긴 식은 밥, 철철이 다른 외출복
장맛비에 묻혀버린 문자들
꺼내달라는 곰팡이 신음이다

있는 듯 없는 듯 아슴한 기억으로
잠긴 문 앞에 서 있는 나는
사막 신기루를 지문 속에서 떠올린다
억지춘양으로 속살을 봉인하느라
제멋대로 비밀번호를 넣어버린 나

어쩌면 잘된 일이다, 난감 뒤에 가벼워질 수 있었으니
— 「잠긴 문 앞에서」 부문

라고 난처하고 난감한 심사마저 안으로 삭이며 겸허하게 자신을 들여다보는 마음자리는 되새겨볼수록 개성이 남다른 시인으로서의 홍준표답다는 생각을 해보게 한다. 마치 "속 다 내어줘도 얼굴 끝내 바꿀 수 없"이 "억겁 세월 버틴"(「규화목硅化木」) 돌이 된 나무, 그런 정신의 규화목처럼. 어쩌면 소풍날 보물찾기하듯 하느님이 숨겨놓은 '쪽지'들을 찾아 끝없이 구도求道의 길을 나서는 순례자와도 같은……

형상시인선 09 | **홍준표 시집**

커튼 콜curtain call

인쇄| 2016년 6월 26일
발행| 2016년 6월 30일

글쓴**이**| 홍준표
펴낸이| 장호병
펴낸곳| 북랜드
06252 서울 강남구 강남대로 320, 1108호(황화빌딩)
대표전화 (02) 732-4574 | (053) 252-9114
팩시밀리 (02) 734-4574 | (053) 252-9334

등 록 일| 1999년 11월 11일
등록번호| 제13-615호
홈페이지| www.bookland.co.kr
이-메 일| bookland@hanmail.net

책임편집| 김인옥
영 업| 최성진

ISBN 978-89-7787-663-7 03810
값 10,000 원